ハワイアンキルトのある部屋
Living with Hawaiian Quilts

風に揺れる椰子の葉のざわめき

甘い香りを放つ切りたてチューベローズの冷たい感触

こぼれ落ちるような大輪のハイビスカスの花脈

浅瀬を泳ぐウミガメの呼吸

深い眠りを誘う波音のリフレイン

潮風に洗われたティキの木目

逞しい男性の背中に翼を広げたマンタのタトゥー

ハワイは訪れる度にたくさんの贈り物を私の心に残してくれます。

そしてその記憶がこぼれ落ちないように

ひとつひとつをキルトに縫い上げていくのです。

小さなクッションひとつでも完成すれば愛おしいもの。

汚れるのが嫌で使えないという声をよく耳にしますが、

完成したら使いましょう。キルトは美術品ではありません。

暮らしの中に上手に取り入れて楽しみたいもの。

壁の少ない日本の小さな家屋でも失敗しないコーディネートがあります。

身近にハワイを感じられる、インテリアとしてのハワイアンキルト。

トラディショナルで新しく、素朴で都会的。

この本では私の大好きなハワイアンキルトとの暮らし方をご紹介します。

Profile

マエダ メグ
Meg Maeda

グラフィックデザイナー・キルトデザイナー・キルト作家・キルト講師。多摩美術大学グラフィックデザイン科卒業。1998年よりハワイアンキルトの創作活動開始。2002年教室開講。長年グラフィックデザインの仕事をしてきたことに裏打ちされたデザイン力で、独自のデザイン性の高い、新しいキルトを製作。現在グラフィックデザインの仕事を続けながら月に17のクラスを持ち、アメリカのキルトアカデミーでも講師を務める。著書「ハワイアンキルトのこもの」「ハワイに咲くキルト」（パッチワーク通信社）「デザイナーズ・ハワイアンバッグ」「ハワイに暮らすキルト」（グラフィック社）
http://www.facebook.com/megshawaiianquilt

Contents

Living room	赤いリビングルーム	6
	緑のリビングルーム	14
Kitchen	キッチン	20
Bed room	ベッドルーム	30
Japanese-style room	和室	38
Entrance	玄関	46
Studio	アトリエ	50
Quilt lesson	キルトレッスン	60
Fabric shop	布が買える店	64
How to make	作品の作り方	65

Living room

家族が集まるリビングルームは「明るい・楽しい・寛げる」がコンセプト。
ソファ周りにはたくさんのクッションと同色のタペストリーで統一します。

赤く、明るく
赤い花のキルトで統一した華やかなリビングルーム。
あたたかで楽しい時間が流れます。
今日も元気な家族の笑い声がきこえています。

Living room 7

花モチーフで遊ぶクッション

クッションがたくさんあると、あったかくて幸せな感じ。お花のクッションに埋もれて一日中ごろごろと読書するもよし、お昼寝するもよし。
（左からロケラニ・ナウパカ・チューベローズ・ブーゲンビリア・ハイビスカス）

1 ピンクの花ロケラニ

マウイ島の花ロケラニはフューシャピンクの八重のミニバラ。小さくても存在感のある花を蕾とともに。45×45cm
How to make→P66

2 海のナウパカ

海辺に咲くナウパカは半円形に花びらを開きます。花と実をシンボリックにデザインしました。45×45cm
How to make→P66

3 チューベローズ

切りたてのチューベローズの花束。たおやかなシルエットをそのままに。45×45cm
How to make→P66

4 ブーゲンビリア

大好きな花の色はマゼンタ。でも本当の花は中央の小さな3つの白い部分。四方に枝を伸ばしていく繊細なデザインです。50×50cm
How to make→P66

5 八重咲きのハイビスカス

たくさんの種類を持つハイビスカスには八重咲きの花もあります。その花脈の美しさをキルトラインで表現します。45×45cm
How to make→P66

Living room 9

6 真っ赤なハイビスカスの額装キルト

ほぼ2：1の長方形キルトを額装しました。
フローリングの部屋では壁に立てかけて使っ
てもいいですね。60×34cm
How to make→P68

7 サンプラーのテーブルセンター

5つのモチーフを並べたテーブルセンターはキルトラインで遊びます。上からパイナップル・エンジェルストランペット・アンスリウム・タロリーフ・ラウアエ。41×139cm
How to make→P69

Living room 11

キルトの使い方

1〜2mほどのサイズのキルトは、タペストリーとしてだけでなく、ソファやベッドのカバーとしても使えます。ブランケットとしても重宝しそうです。

8 赤いアンスリウムのキルト

大小さまざまなハートをちりばめたキルトはアンスリウムのデザインです。リバースアップリケで抜いた花心と葉脈のキルトラインがアンスリウムのシンプルな可愛らしさを見せています。断然赤がお勧めです。
150×100cm
How to make→P70

Living room 13

Living room

緑がいっぱいのリビングルーム

パンの木の葉、モンステラやバナナリーフが
居心地のよい森をつくるように、
ソファカバーをメインに
クッションや額装キルトもすべて緑一色にしたリビングルームには、
落ち着きの中に再生のエネルギーが溢れています。
深呼吸をひとつ……。

9 黄色いレフアのキルト

レフアと言えば赤い花がほとんどですが、ハワイ島ワイメアの街中で黄色いレフアの木を見かけました。ハワイ島の花であるレフアには気高さがあります。それを紋章のようなデザインで作りました。150×110cm
How to make→P71

10 モンステラのクッション

デザインの要素はそのユニークなシルエット。深く切れ込んだ葉のくびれと穴は風に吹かれても破れないためなんですよ。45×45cm
How to make→P72

11 バナナリーフのクッション

ライムグリーンのしなやかに揺れるバナナリーフは、爽やかな風が通り過ぎていくような気分になります。45×45cm
How to make→P72

12 モンステラの額装キルト

モンステラが四方にグングン伸びていく様の一部分を切り取ってキルトにしています。凝縮した長方形のデザインが新鮮です。額装すればわずかな壁の隙間でも飾れます。
60×34cm
How to make→P73

13 ブルーのロケラニのキルト

ベージュとサックスブルーの色合わせはどちらも少し明度と彩度を落として。華やかなモチーフをあえてシックな色合いで組み合わせると、都会的なキルトに仕上がります。ソファやラグのカラーと合わせてもいいですね。
110×110cm
How to make→P74

14 ウルのキルト

たくさんの恵みをもたらしてくれるウル。大きな葉の間から淡いグリーンの実が見え隠れしています。太い幹に多くの葉を隙間なく配置することで、大木のウルをデザイン。トラディショナルな色合わせで。200×200cm
How to make→P75

Living room 19

Kitchen

フルーツモチーフが楽しい

毎日家族の喜ぶ顔を思いながら楽しく料理を作りたい。
そして家族揃って笑顔で食事をしたい。
家族の元気はキッチンから始まります。
フレッシュなフルーツモチーフを
ライムグリーンとイエローだけでまとめたら、
素敵な一日がスタートします。

15 ウルとパイナップルのランチョンマット

豊穣や豊かさの象徴であるウル（パンの木）と元気の象徴パイナップルをモチーフに。リバースアップリケで白のアウトラインを付けることで、モチーフが活き活きとして清潔感を保ちながらインパクトのあるデザインになりました。30×42cm
How to make→P76

16 パパイヤ・ウル・リリコイのなべつかみ

3つのフルーツを葉っぱと実でデザイン。土台生地とバインディング生地に2種類のドットを使って楽しいデザインに。20×20cm
How to make→P77

大好きなリリコイ！

小笠原・母島の農園で初めて見たリリコイは、
1本の茎から伸びる太い蔓と、青々と繁る艶やかな葉の間に、
紫の真珠のような美しい実を付けていました。
味だけでなく香りも素晴らしいリリコイ、
大好きです。

17 リリコイの額装キルト

強い生命力としなやかさ、3枚葉の付け根が
ほんのちょっとくびれているのがリリコイの
特徴。パターンを1枚に繋げずに4枚に分け
たデザインがいきました。45×45cm
How to make→P78

18 パイナップルのエプロン

ランチョンマットに使ったパイナップルのモチーフを、デニムのエプロンにアップリケしました。インパクトのある大きなパイナップルで、料理をするときの気分が上がります。
94×92cm
How to make→P79

19 ロケラニのアメニティボックス

水回りで収納したいタオルやハンドクリームは、蓋付きの籠ボックスへ。蓋にはフリルをあしらったロケラニのキルトを飾ります。白×ペールグリーンが爽やかです。28×39cm
How to make→P80

20 アンスリウムのティーマット

少し遅めに起きた休日の朝は、ゆっくりとコーヒーから始めましょう。オレンジとオフホワイトのアンスリウムは、互い違いのアップリケとキルティングで遊びます。28×37cm
How to make→P81

Bed room

ぐっすり眠るために

一日の1/3を過ごすベッドルームは、
良い睡眠のためにも落ち着いた部屋であることが大切。
ベッドカバーやピロウ、クッションも
安静のカラーであるブルーでまとめます。

21 バナナリーフの額装キルト

青い空にバナナリーフが揺らいでいます。そんな様子を窓から眺めているようなキルトは朝の目覚めを爽やかにしてくれます。リバースアップリケの白いラインがデザインのよいコントラストになりました。48×110cm
How to make→P82

22 ハイビスカスのピロウ

ベッドカバーとお揃いのピロウは鏡像で2つ作って並べます。落ち着いたサックスブルー×白のキルトは心を鎮めてくれる組み合わせ。素敵な夢が見られそうです。43×63cm
How to make→P83

クッションを飾る

ベッドの上にクッションを飾ると部屋全体が華やかになります。
3つのパターンはすべて1/4でデザインしました。
不規則なリズムと心地よい変化を楽しめるキルトです。
(上からレフア・プルメリア・ホワイトジンジャー)

23 レフアのクッション

ネイビーに白いレフアを載せたら、花のイメージとは違った新鮮なキルトになりました。
45×45cm
How to make→P84

24 プルメリアのクッション

ハワイに滞在する時は、庭で拾ったプルメリアの花をベッドサイドに飾ります。香りが漂ってきそうな白いプルメリアは、キルトラインで表情を出します。45×45cm
How to make→P84

25 ホワイトジンジャーのクッション

華奢で可憐なホワイトジンジャーは、そのカタチが面白い花です。温度感のある土台生地で優しいキルトになりました。45×45cm
How to make→P84

ミニチュアキルトを飾る

10cmスクエアのミニチュアキルトは針仕事の気軽な針仕事。
額装すればサイドテーブルや本棚の隙間に小さなキルトコーナーが出来上がります。
季節によってキルトを入れ替えて楽しみましょう。
（左からプルメリア・金魚・ハイビスカス）

26 プルメリア
グリーンのドットバティックにリバースアップリケで真っ白なプルメリアを生かせました。瑞々しく匂い立ちそうです。10×10cm
How to make→P86

27 金魚
ゆらゆら揺れる金魚の尾ひれや水の波紋は太くて目立つ色の糸でキルティング。キルトの細かな表情がいきてきます。10×10cm
How to make→P86

28 ハイビスカス
花びらのエッジや花脈のキルトラインが楽しいハイビスカス。アウトラインステッチで刺した花心がアクセントです。10×10cm
How to make→P86

29 ハイビスカスのベッドカバー

曲線を描きながら伸びていくハイビスカスは生命力に満ちています。満開の花には1輪ずつサテンステッチで花心を刺しました。ブルーと白のコントラストが穏やかなキルトになりました。250×250cm
How to make→P88

我が家の小さなギャラリー

階段や廊下には同じ大きさの額装キルトを並べて飾ります。
小さなコーナーギャラリーのようでしょ。
小さなサイズなので生地の色と柄で遊びます。

30 ハイビスカス

ハイビスカスの花がポンと弾むように咲いた楽しさを、大きさの違う2種類のドット生地で作りました。18×18cm
How to make→P90

31 バナナリーフ

バナナリーフの持つ爽やかさと精悍さをブルーのストライプ生地と、同色のモチーフ生地で作りました。18×18cm
How to make→P90

32 モンステラ

モンステラの葉のデザインは何枚描いても面白いものです。その一部分を切り取り、マゼンタとグレイの色合わせでモダンに仕上げました。18×18cm
How to make→P90

Japanese-style room

和室にだってハワイアン

日本家屋ではどうしても畳の部屋ははずせません。
敬遠されがちですが和室にもハワイアンキルトは似合います。
インディゴブルーのキルトで揃えた部屋には、
マゼンタの刺し色で華やかさをプラスします。

Japanese-style room 39

33 クラウンフラワーのクッション

王様の冠のようなおもしろいカタチの花を咲かせるクラウンフラワー。インディゴブルーとオフホワイトの生地を互い違いでお揃い2つ。花のキルトラインは太くて目立つ色の糸でしっかり縫います。45×45cm
How to make→P92

34 アフリカンチューリップの額装キルト

大きな木の下を歩いていると、ポタッと赤いものが落ちてきました。拾い上げてみるとそれはアフリカンチューリップの花。見上げれば大きな木に真っ赤な花がたくさん咲いています。和室に赤い花のキルトを作るなら、黒との組み合わせがいいでしょう。色合わせは足し算・引き算ですね。60×34cm
How to make→P93

35 大波のキルト

波をハワイアンキルトのパターンにデザインしたら、想像以上に面白いキルトになりました。セルリアンブルーの海です。50×50cm
How to make→P94

36 金魚のキルト

4匹の金魚が涼しげに泳ぎます。デザインに合わせてエコーキルトも同心円にします。金魚が動き出しそうなキルトです。48×48cm
How to make→P95

Japanese-style room 43

トライバル柄のテーブルウェア

ポリネシアをベースにした現代トライバルタトゥーに惹かれ、
その幾何学的でリズムのあるデザインで、
テーブルセンター・ティーマット・コースターの3種類を作りました。
以前から使いたかった藍染め生地に
淡いブルーのランニングステッチを施しています。

Lauhala・He'e・Niho Niho・Mauna Kea

4種類のパターンは左上から時計回りに、ラウハラ(ハラの木の葉で編んだもの)・ヘエ(タコ)・ニホニホ(サメの歯)・マウナケア(ハワイ島の山)を意味しています。

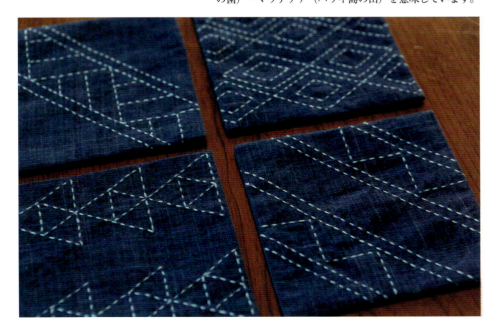

37 テーブルセンター

テーブルの上をひとつにまとめてくれるテーブルセンターは、マウナケアのパターンです。
26×120cm
How to make→P96

38 ティーマット

4種類のパターンをボーダーとしてステッチしています。20×30cm
How to make→P96

39 コースター

ティーマットと同じパターンでステッチ。セットで作ると素敵ですね。12×12cm
How to make→P96

Entrance

玄関は元気の出入り口

家の入口である玄関はその家全体の印象を決める大切な場所です。
家族が朝元気に出かけていく、
夕方くたびれて帰ってくる、
または大切なお客さまをお迎えする。
ただ外と内をつなぐだけでなく、
ひとつの部屋として考えてもいいように思います。
ハワイアンキルトならではの海のモチーフをブルーだけで。

40 パームツリーの額装キルト

風に揺れるパームツリーのキルトは、ブルーと白で壮快に仕上げます。45×45cm
How to make→P98

41 パームツリーのトートバッグ

ビーチ沿いのパームツリー、向こうに見える波飛沫。夏のおでかけが楽しくなりそうなトートバッグは潔く白で。25×40×19cm
How to make→P99

42 海のサンプラーキルト

ブルーの濃淡2色を使った海のモチーフが楽しいサンプラーキルト。パターンの大きさや数を変えれば、欲しいサイズに作れるのが魅力です。タペストリーやマルチカバーとして使い勝手のよいキルトです。
右上から時計回りに、ホヌ・ツノダシ・ジェリーフィッシュ・シーホース・シェル・ドルフィン。200×140cm
How to make→P100

Studio

どの部屋よりもグラフィカルに

仕事場は新しいデザインを生み出す場所。
フレキシブルな発想のために、
真っ白な部屋に色分けしたとっておきの生地を並べます。
壁に飾るキルトは大好きなトライバルタトゥースタイルで。

43 ティキの眠る海辺

ハワイ島、プウホヌア・オ・ホナウナウの浜辺に建つ神像ティキ。波や風、光、サメの歯やラウハラを自己解釈でトライバルデザインに。モノトーンだからこそいきるデザインがあるのです。80×80cm
参考作品

44 ホエールテール

海に潜る瞬間の雄大で威厳に満ちたザトウクジラの尾。ハワイでは幸運のお守りとしてモチーフに使われます。海と空をエコーキルトで縫い分けます。45×45cm
How to make→P102

口がぱっくんと開きます

コの字型のワイヤー口金入りポーチは、
開けた時に口が大きく広がり、立ち上がるのも便利です。
表生地と中袋生地を
ドット×ストライプにするのが私流。

45 ホヌのぱっくんポーチ

アクアブルーのドット生地にリバースアップ
リケのホヌが泳ぎます。15×18×8cm
How to make→P103

46 モンステラのぱっくんポーチ

葉っぱの隙間からのぞくストライプがデザインの面白さ。ピンク×ピンクでも大人らしさを失いません。小物ならではの楽しみ方です。
15×18×8cm
How to make→P103

しましまが好き

しましま生地はバッグや小さなポーチの
土台として便利です。
無地ではできない個性と楽しさのある
小物作りのために、
また新しいしましま生地を
探しましょう。

47 ハイビスカスのしましまポーチ

底マチを大きく、長めのファスナーを付けると
側面が三角形のころっとした便利なポーチがで
きました。何でも入って中身がよく見えます。
いろんなしましま生地で。11×32×10cm
How to make→P104

48 かめかめだポーチ

小さなマチ無しスクエアのぺたんこポーチには、ホヌのペトログリフをシンボリックにアップリケ。両面で色を替えると変化が出て作っていても楽しいポーチです。15×15cm
How to make→F105

ソーイングケース

バッグの中でかさ張らず気軽に持ち歩けるソーイングケースは、
キルターにとっての必需品。
道具の収納を考えて設計した中袋は、
キルトの色やデザインに合わせた生地で楽しく仕上げます。

49 ティキ
マゼンタ×黒はティキのデザインを
女性的にしています。22×12cm
How to make→P106

50 レフア
パープルピンクとライムグリーン
の色合わせが絶妙。22×12cm
How to make→P106

51 バナナリーフ
グリーンのボーダーにグリーンの
アップリケが爽やか。22×12cm
How to make→P106

52 マンタレイ
アップリケで浮き上がる背中のホ
ヌが楽しいデザイン。22×12cm
How to make→P106

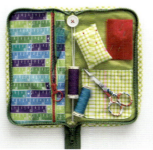

53 トーチジンジャーのスクエアバッグ

真っ赤なトーチジンジャーをクールなグレイで仕上げたバッグ。土台は2種類の生地で変則的なストライプを作り、花びらは1枚ずつ濃淡のアップリケで立体感を出しました。
33×30×10.5cm
How to make→P108

54 パイナップルバッグ

グラデーション生地を使ったリバースアップリケのバッグは、広めのマチにもパイナップルの刺繍を入れました。たっぷりの荷物が入る大きさです。袋口のマグネットでバッグのカタチが小さく変わります。32×25×20cm
How to make→P110

Quilt lesson

モチーフの写し方からキルティングまでのハワイアンキルトの作り方を解説します。アップリケは、布を上に重ねてまつる基本的なアップリケと、上の布をくり抜いて下の布を見せるリバースアップリケの2種類があります。ここでは分かりやすいように目立つ色の糸を使い、大きな針目で縫っていますが、実際に縫うときは、布と近い色の糸で小さな針目で縫ってください。

1 モチーフを写す

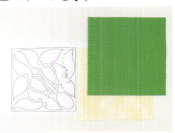   

❶ 図案、アップリケ布、土台布を用意します。布はそれぞれ1/4の正方形にたたみ、アイロンをかけて折り目を付けます。

❷ アップリケ布、チャコペーパー、図案、セロハン（OPP）の順に図案と布の中心を合わせて重ね、トレーサーで図案通りになぞります。図案の内側のキルティングラインもなぞります。

❸ 図案を写せたら、アップリケ布を土台布に中心を合わせて重ね、まち針で留めます。

❹ 図案に沿ってしつけを掛けます。線から約1cm内側を縫い糸で、約1cm間隔で縫います。すべてにしつけを掛けたらアップリケをします。

2 アップリケをする ＊基本のたてまつり

❶ 0.3cmの縫い代を付けて図案の外側をカットします。一度にすべてをカットせずに、少しずつカットして縫うことをくり返します。

❷ 線のきわを親指で押さえ、針先で縫い代を折り込みます。針はアップリケ針を使います。

❸ 折り山のきわに針を出し、すぐ下の土台布に針を入れます。そのまま約0.2cm先のアップリケ布のきわに針を出します。これをくり返してまつります。

＊へこんだカーブ

❶ 印のようにカーブに切り込みを入れます。切り込みがバイヤス方向なら1か所、布目方向なら3、4か所に入れます。

❷ カーブの約2cm手前までまつったら針を止め、カーブの向こう側の縫い代を針先で折り込みます。

❸ 針を手前に向かって水平に回転させて縫い代を折り込み、なめらかなカーブを描くようにぐるりと針を回します。

❹ そのまま、まつっている折り山までなめらかにつなげます。

❺ カーブ部分は縫い代が少ないので、約0.1cmの間隔で細かく巻きかがりをするようにまつります。

❻ カーブをすぎれば約0.2cmの間隔にもどしてまつります。

※ V字のへこみ

❶ V字の中心に直角に切り込みを入れます。先のとがった小さなはさみを使うと便利です。

❷ V字の底の約2cm手前までまつったら針を止め、針先で切り込みの底から縫い代を折り込みます。

❸ 底までたてまつりで縫い、底に針を出します。底には折り山がないので、少し内側をすくいます。縫い代を親指でしっかりと押さえておきます。

❹ 次の辺の縫い代を、針先で底まで折り込みます。

❺ 底に針を入れてまつります。

❻ 次の辺に針を出してまつります。V字が難しいときは、カーブにまつってもかまいません。

※ とがった部分

❶ とがった角から約0.3cm手前からやや細かくまつります、角まで縫います。細かくまつることで、次の辺で折り込む縫い代の端が出ないようにします。

❷ 縫い代を折り込んだときに、次の辺に出た余分な縫い代をカットします。次の辺の縫い代は0.3cmです。

❸ 針先で角の縫い代を直角に折り込みます。

❹ すぐに次の辺に針先を入れ、縫い代を折り込みます。親指で押さえてしっかりと角を形作ります。

❺ 角の真下の土台布に針を入れ、次の辺に針を出してまつります。ここも角の周辺はやや細かくまつるときれいです。

❻ そのまま次の辺をまつります。きれいな角ができました。

3 しつけ掛け〜キルティングをする

❶ アップリケがすべてできました。次にアップリケの周囲に等間隔に広がるエコーキルティングと、出来上がり寸法のラインを描きます。

❷ エコーキルティングはアップリケの1cm外側に、図案に沿って全体のバランスを見ながら描きます。せまい部分は0.8cmでもOK。出来上がり線は縫い縮み分の2cmを加えた寸法を周囲に引きます。

❸ 大きめにカットした裏布とキルト芯にトップを重ね、要所要所をまち針で留めてからしつけを掛けます。中心から放射状に、十字、対角線、さらにその間に3本の順に掛けます。

❹ 端までキルティングしやすいように、二つ折りにした補助布を出来上がり線の外側に付けます。しつけ糸2本取りで、しつけよりも細かく縫います。

❺ 周囲に補助布が付き、フープがはめられる大きさになりました。

❻ キルトの下にフープの内枠を置き、外枠を上からはめ込みます。裏からキルトを均等に押し上げて少しゆるませます。ゆるませることで針で布がすくいやすくなります。

❼ キルティングラインの1cm外側から針を入れ、布だけをすくってライン上に針を出します。糸を引いて玉止めを布の中に引き込みます。

❽ ひと針小さな返し縫いをし、1cm先のライン上に針を出します。これをもう一度くり返します。キルトを回転し、キルティングスタートです。

❾ 中指にシンブルをはめ、奥から手前に向かってキルティングします。キルトの裏に置いた指先で針を確認して3層をすくい、3、4針刺して針を抜きます。

❿ アップリケのきわにキルティングすることを、落としキルティングと言います。モチーフがさらに浮き上がって見えるので、必ず入れます。

バインディング
バインディングとはキルトの周囲やバッグやポーチの口の縫い代を、バイヤステープでくるんで始末することです。

＜バイヤステープの作り方＞

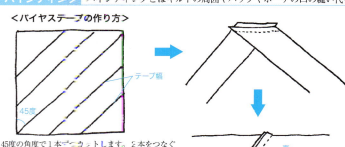

45度の角度で1本ずつカットします。2本をつなぐときは、中表に重ねて布端の谷から谷まで細かく縫います。広げて飛び出た縫い代をカットします。

＜バインディングのしかた＞

ダブルバインディング＊バインディングの幅が1cmの場合は、テープは6.5cm幅、0.8cmの場合は5.5cm幅のバイヤステープを使います。バインディングの幅×6に0.5cmをプラスしてきりのいい数字にします。

シングルバインディング＊ダブルバインディングのように二重にせず、一重でくるみます。バインディングの幅×4に0.5cmをプラスしてきりのいい数字にしてカットします。例えば0.8cmならテープ幅は3.2cmですが、きりのいい数字の3.5cmでカット。

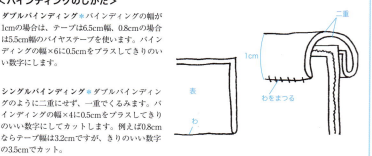

* リバースアップリケのトップの作り方

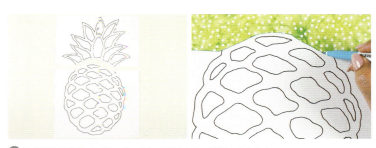

❶ 図案とアップリケ布を用意します。パイナップルの実と葉で違う布を使うので、アップリケ布は3種類です。これでアップリケモチーフを作ります。

❷ 図案に白い縁取りになるアップリケ布を重ね、透かして図案を写します。濃い色の布で、図案が透けない場合は60ページのように、チャコペーパーで写します。

❸ 布が変わる部分で図案をカットして分けます。境目の中心をカットします。布に重ねて境目の印を付け、印で布をカットします。

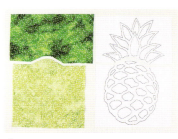

❹ 上の葉の部分も同様にカットします。葉と実の布が、境目でぴったりと突き合わさります。

❺ 白のアップリケ布の裏に重ねます。布の境目がずれないように、位置を確かめて重ねます。

❻ 両端と中心にしつけを掛けて布がずれないようにします。次に、白の布を縁取りのような線でアップリケするので、図案に沿って縁の中心にしつけを掛けます。

❼ 縫い代0.3cmを付けて図案をくり抜き、縫い代を折り込みながら下のアップリケ布にまつります。

❽ 内側がすべてまつられました。ここでしつけをはずします。

❾ 次に下のアップリケ布の余分をカットします。縫い目から0.3cmの縫い代を付けてカットします。白い布の図案の印から縫い代が出ないように。

❿ 白い布の余分も、縫い代0.3cmを付けてカットします。これでアップリケモチーフができました。

⓫ アップリケモチーフを付ける土台布に出来上がり線と中心の印を付けます。アップリケモチーフを好みの位置に合わせてしつけを掛けます。

⓬ 土台布にアップリケモチーフの縫い代を折り込みながらまつります。これでトップが完成です。後はキルティングをし、作品に仕立てます。

Fabric shop

本書に掲載のキルトは、なるべく皆さんが同じ生地で作れるように、比較的入手しやすい生地を使って作りました。今回使用している生地をご紹介します。

▶ **ドットバティック**＊マエダメグ・オリジナルのドットバティックは、キルトの土台に、タペストリーの裏布に、バインディングに、小物にと使い勝手がよく、特に色は厳選して染めています。上からナイトブルー・ピーコックグリーン・ライムグリーン・リーフグリーン・アクア・キャンディピンク・マゼンタ。
お問い合わせ先＊ミウミントアロハ
https://www.rakuten.ne.jp/gold/miu-mint

▶ **ウェイブバティック**＊こちらもマエダメグ・オリジナルバティックです。自然の色から選んだ3色はキルトのボーダーやバッグの土台に使いやすいですよ。左からコアブラウン・フォレストグリーン・スカイブルー。
お問い合わせ先＊ミウミントアロハ

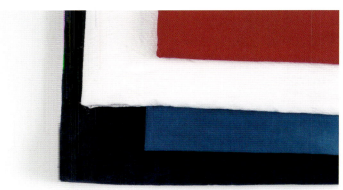

手染めシーチング＊シーチングにオーダーで特色を染めていただきます。風合いと縫いやすさに抜群です。
お問い合わせ先＊八木ちひろ　〒631-0031奈良県奈良市敷島町1-557-27

ムラ染め・スカイ＊アメリカ・アトランタのテキスタイルアーティスト、ステイシー・ミッシェルによる手染めファブリックです。
お問い合わせ先＊Shades Textiles　http://shadestextiles.jp/
kimura@shadestextiles.jp

エイティスクエア＊手芸店で気軽に購入できる無地の生地としては、色数豊富で便利です。

藍染め＊和室のページに掲載のテーブルウェアは、武州藍染めを使っています。藍染めの持つ奥深さに魅了されてしまいます。
お問い合わせ先＊小島染織工業　https://www.kojimasenshoku.com/
info-kojimaya@kojimasenshoku.com

How to make
作品の作り方

＊図中の単位はcmです。

＊基本は土台布にアップリケ布をアップリケします。

＊アップリケ布には0.3cm程度の縫い代を付けます。指定以外は1cmの縫い代を付けます。

＊キルティングをすると少し縮むので、周囲の縫い代を余分に付けておき、キルティングした後で寸法通りにカットします。縫い縮みを考えて、出来上がりよりも外側までキルティングしておきます。

＊50ページからのキルトレッスンも参考にしてください。

＊図案を写すときは、薄い色の布の場合は下に図案を重ねて透かして写してもかまいません。

＊アップリケするときは一度にカットせずに、土台布にアップリケ布をしつけで留めて少しずつ切りながらまつります。

＊作品の出来上がりは、図の寸法と多少差の出ることがあります。

＊布は好みのものを使いましょう。64ページのショップ紹介も参考にしてください。

＊材料の布のサイズは多めに記載しています。特にバインディングは細かく接ぎ合わせなくてもよいようにしています。

＊作品や型紙は、個人で作って楽しんでいただくためのものです。無断での展示や販売はご遠慮ください。

Quilt 1〜5　クッション5種

材料　1点分、( )は4の寸法
土台布…50×50（55×55）cm
アップリケ布…50×50cm
裏布・キルト芯
…各50×50（55×55）cm
本体後ろ用布…50×70（50×85）cm
45（50）cm角ヌードクッション…1個
刺繡糸…適宜

作り方
1）アップリケと刺繡をしてトップをまとめる。
2）裏布、キルト芯にトップを重ね、しつけをかけてキルティングする。
3）本体後ろを作る。
4）本体前と後ろを中表に合わせて周囲を縫う。
5）表に返して、ヌードクッションを入れる。

型紙＊A1〜5

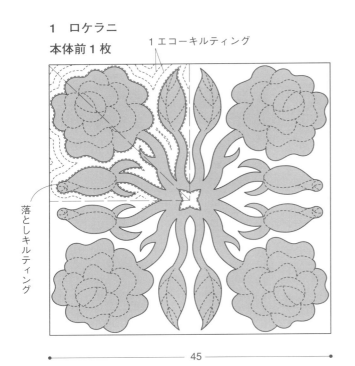

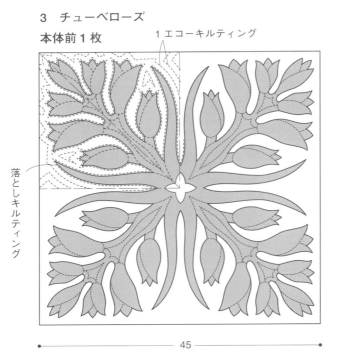

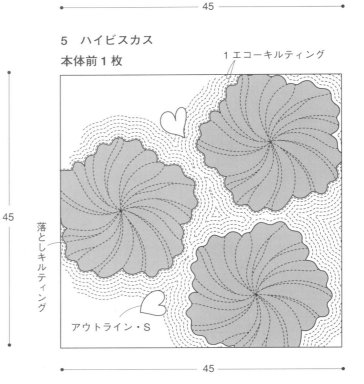

4 ブーゲンビリア

本体前1枚

1 エコーキルティング
落としキルティング

50
50

本体後ろ2枚

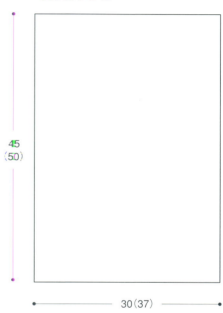

45 (50)
30 (37)

※( )内はブーゲンビリアの寸法

本体後ろの作り方

① 裏 1.5
片側を三つ折りして縫う

② 後ろ（表） 後ろ（表） しつけ 15(24)
2枚を重ねてしつけをかける

仕立て方

前（表）
後ろ（裏）

本体前と後ろを中表に合わせて
周囲を縫い、表に返す
縫い代はジグザグステッチか
ピンキングばさみでカットして
おくとよい

アウトラインステッチの刺し方

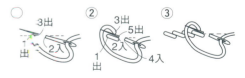

① 1出 2入 3出
② 1出 2入 3出 4入 5出
③

How to make 67

Quilt 6 真っ赤なハイビスカスの額装キルト

材料
土台布…80×50cm
アップリケ布…65×35cm
裏布・キルト芯…各80×50cm
内寸69×43cm
（マット内寸60×34cm）額…1枚

作り方
1) アップリケをしてトップをまとめる。
2) 裏布、キルト芯にトップを重ね、しつけをかけてキルティングする。
3) 周囲にミシンステッチをかけて押さえる。
4) 額に入れる。

型紙＊A6

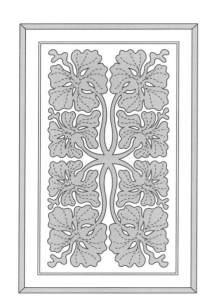

額マット内寸

1エコーキルティング

落としキルティング

0.2 周囲にミシンステッチ

71

44

※額マットの内寸は60×34cm

Quilt 7 サンプラーのテーブルセンター

材料
- 土台布…45×145cm
- アップリケ布…20×110cm
- 裏布・キルト芯…各45×145cm
- バインディング布…50×110cm

作り方
1. アップリケをしてトップをまとめる。
2. 裏布、キルト芯にトップを重ね、しつけをかけてキルティングする。
3. 周囲をダブルバインディングで始末する。

型紙＊A7

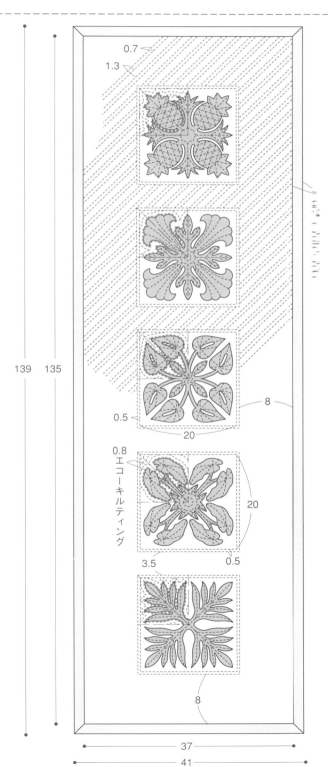

Quilt 8 赤いアンスリウムのキルト

材料
土台布（バインディング分含む）
…250×110cm
アップリケ布…150×100cm
裏布・キルト芯…各160×110cm

作り方
1）アップリケをしてトップをまとめる。
2）裏布、キルト芯にトップを重ね、しつけをかけてキルティングする。
3）周囲をダブルバインディングで始末する。

型紙＊A8

Quilt 9 黄色いレフアのキルト

材料
土台布（バインディング分含む）
…300×110cm
アップリケ布…145×110cm
裏布・キルト芯…各160×120cm
刺繍糸…適宜

作り方
1) アップリケと刺繍をしてトップをまとめる。
2) 裏布、キルト芯にトップを重ね、しつけをかけてキルティングする。
3) 周囲をダブルバインディングで始末する。

型紙＊A9

サテンステッチの刺し方
① 1出 2入 3出
② 針目を調節しながら2〜3をくり返す

Quilt 10.11 クッション2種

❋ 材料 1点分
土台布…50×50cm
アップリケ布…50×50cm
裏布・キルト芯…各50×50cm
本体後ろ用布…50×70cm
45cm角ヌードクッション…1個

❋ 作り方
1） アップリケをしてトップをまとめる。
2） 裏布、キルト芯にトップを重ね、しつけをかけてキルティングする。
3） 本体後ろを作る。
4） 本体前と後ろを中表に合わせて周囲を縫う。
5） 表に返して、ヌードクッションを入れる。

型紙＊A10,11

10　モンステラ
本体前1枚

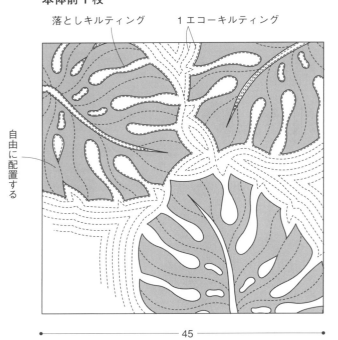

落としキルティング　1 エコーキルティング
自由に配置する
45 × 45

11　バナナリーフ
本体前1枚

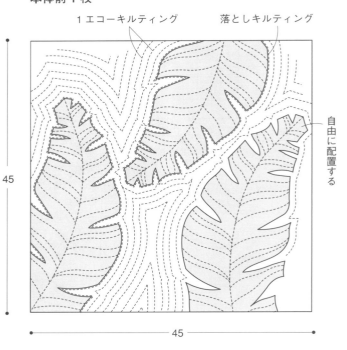

1 エコーキルティング　落としキルティング
自由に配置する
45 × 45

本体後ろ2枚

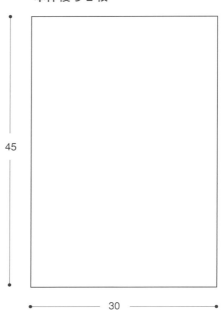

45 × 30

本体後ろの作り方

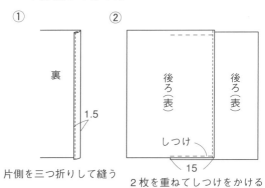

① 裏　1.5
片側を三つ折りして縫う

② 後ろ(表)　後ろ(表)
しつけ　15
2枚を重ねてしつけをかける

仕立て方

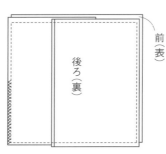

前(表)
後ろ(裏)

本体前と後ろを中表に合わせて
周囲を縫い、表に返す
縫い代はジグザグステッチか
ピンキングばさみでカットして
おくとよい

Quilt 12　モンステラの額装キルト

❊ 材料
土台布…80×50cm
アップリケ布…65×35cm
裏布・キルト芯…各80×50cm
内寸69×43cm
（マット内寸60×34cm）額…1枚

❊ 作り方
1）アップリケをしてトップをまとめる。
2）裏布、キルト芯にトップを重ね、しつけをかけてキルティングする。
3）周囲にミシンステッチをかけて押さえる。
4）額に入れる。

型紙＊A12

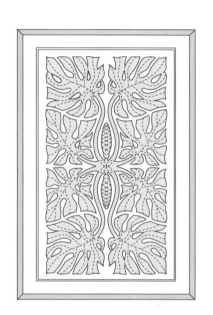

1 エコーキルティング　　落としキルティング　　0.2 周囲にミシンステッチ

額マット内寸

※額マットの内寸は 60×34cm

71

44

Quilt 13 ブルーのロケラニのキルト

材料
土台布（バインディング分含む）
…200×120cm
アップリケ布…110×110cm
裏布・キルト芯…各120×120cm

作り方
1) アップリケをしてトップをまとめる。
2) 裏布、キルト芯にトップを重ね、しつけをかけてキルティングする。
3) 周囲をダブルバインディングで始末する。

型紙＊A13

Quilt 14 ウルのキルト

❋ 材料
土台布…220×220cm
アップリケ布…200×200cm
バインディング布…150×110cm
裏布・キルト芯…各220×220cm

❋ 作り方
1）アップリケをしてトップをまとめる。
2）裏布、キルト芯にトップを重ね、しつけをかけてキルティングする。
3）周囲をダブルバインディングで始末する。

型紙＊A14

Quilt 15 ウルとパイナップルのランチョンマット

材料 1点分
本体用布…35×90cm
アップリケ布白…35×25cm
アップリケ布緑・黄緑…各25×25cm

作り方
1) 63ページを参考にしてアップリケをして本体をまとめる。
2) 本体前と後ろを中表に合わせ、返し口を残して周囲を縫う。
3) 表に返して返し口をとじ、アイロンで形を整える。

型紙＊B15

パイナップル
本体前1枚

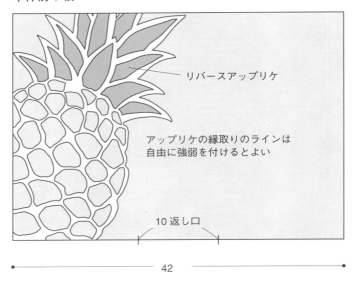

リバースアップリケ
アップリケの縁取りのラインは自由に強弱を付けるとよい
10 返し口
42

※本体後ろは同寸の一枚布

ウル
本体前1枚

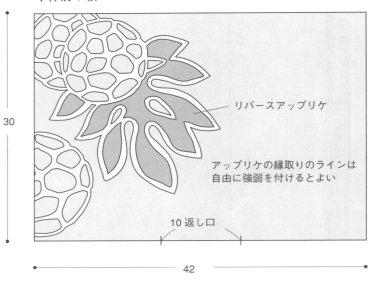

リバースアップリケ
アップリケの縁取りのラインは自由に強弱を付けるとよい
30
10 返し口
42

※本体後ろは同寸の一枚布

仕立て方

①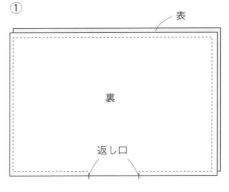

本体前と後ろを中表に合わせ返し口を残して周囲を縫う

②

表に返して返し口をとじる

Quilt 16 パパイヤ・ウル・リリコイのなべつかみ

材料 1点分
- 土台布…25×25cm
- アップリケ布2種…各適宜
- 裏布（バインディング、ループ分含む）…55×55cm
- キルト芯…25×25cm
- 刺繍糸…適宜

作り方
1) アップリケと刺繍をしてトップをまとめる。
2) 裏布、キルト芯にトップを重ねてしつけをかけてキルティングする。
3) ループを作る。
4) 隅にループをはさんで周囲をダブルバインディングで始末する。

型紙＊B16

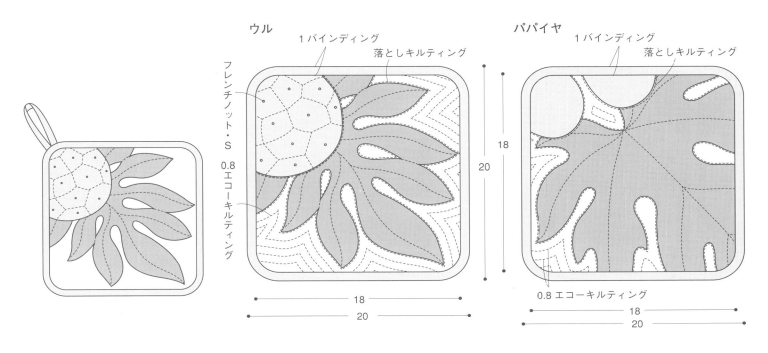

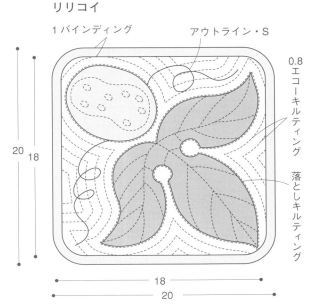

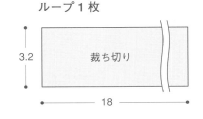

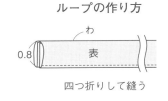

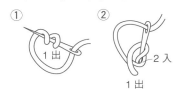

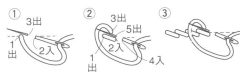

How to make 77

Quilt 17　リリコイの額装キルト

材料
土台布…55×55cm
アップリケ布…50×50cm
裏布・キルト芯…各55×55cm
内寸45×45cm額…1枚

作り方
1) アップリケをしてトップをまとめる。
2) 裏布、キルト芯にトップを重ね、しつけをかけてキルティングと刺繍をする。
3) 周囲にミシンステッチをかけて押さえる。
4) 額に入れる。

型紙＊B17

バックステッチの刺し方

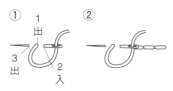

落としキルティング
1 エコーキルティング
バック・S
0.2 周囲にミシンステッチ
47
額内寸
47

※額の内寸は 45×45cm

Quilt 18 パイナップルのエプロン

材料
アップリケ布白…60×35cm
アップリケ布緑…30×25cm
アップリケ布黄緑…40×30cm
本体用布（首ひも、腰ひも、バイヤステープ分含む）…120×110cm
腰ひも裏布…10×80cm

作り方
1）アップリケをして本体をまとめる。
2）首ひも、腰ひもを作る。
3）本体のカーブ部分を始末する。
4）ひもをはさみながら周囲を三つ折りして縫う。

型紙＊B18

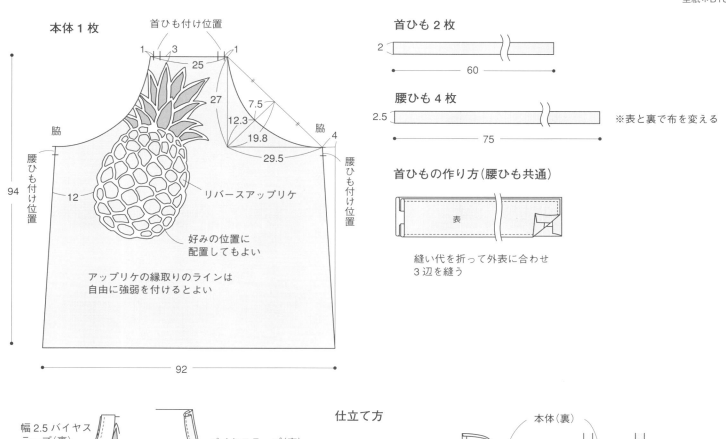

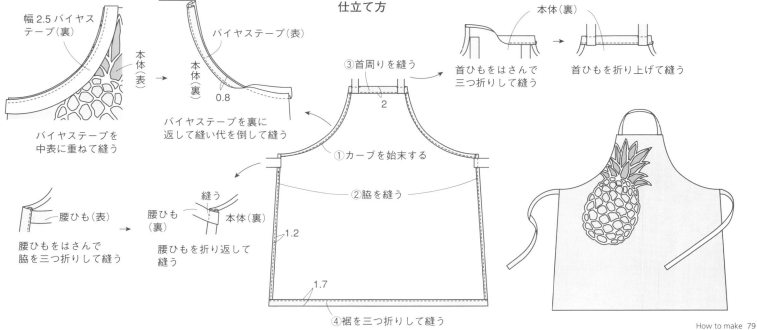

Quilt 19 ロケラニのアメニティボックス

材料
土台布…35×45cm
アップリケ布（バインディング、フリル分含む）…45×110cm
裏布・キルト芯…各35×45cm
内布…35×45cm
幅2.3cmギャザーレース…60cm
26×37×10cmふた付きバスケット…1個

作り方
1) アップリケをしてトップをまとめる。
2) 裏布、キルト芯にトップを重ね、しつけをかけてキルティングする。
3) 周囲をダブルバインディングで始末する。
4) フリルを作り、本体の裏に仮留めする。
5) ギャザーテープを仮留めし、内布をまつり付ける。
6) バスケットのふたに付ける。

型紙＊B19

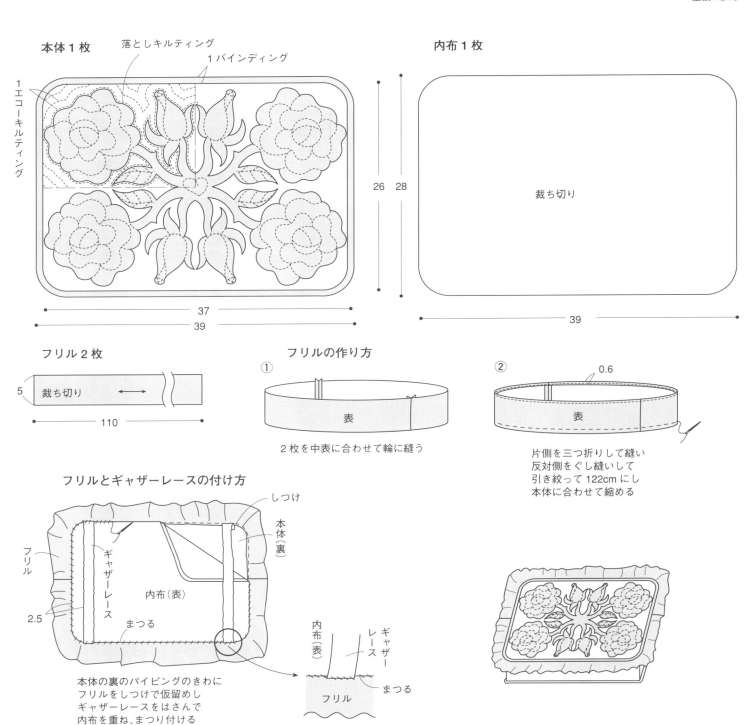

Quilt 20 アンスリウムのティーマット

材料
土台布（バインディング分含む）
…45×85cm
アップリケ布（本体分含む）
…35×45cm
裏布・キルト芯…各35×45cm

作り方
1) アップリケをして本体と接いでトップをまとめる。
2) 裏布、キルト芯にトップを重ね、しつけをかけてキルティングする。
3) 周囲をダブルバインディングで始末する。

型紙＊B20

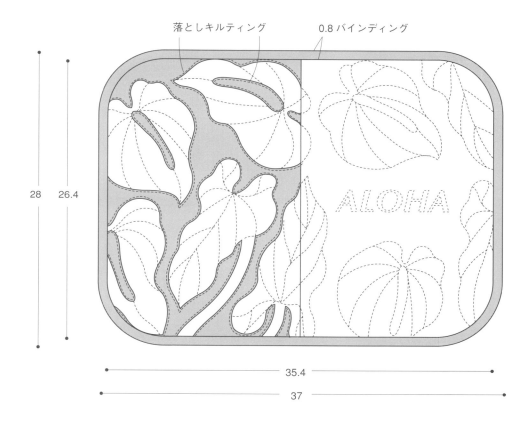

Quilt 21 バナナリーフの額装キルト

材料
土台布…40×110cm
アップリケ布白…40×110cm
アップリケ布緑…40×110cm
縁布…120×50cm
裏布・キルト芯…各55×120cm
内寸48×110cm額…1枚

作り方
1) 土台布に①～③の縁布を縫い合わせてまとめる。
2) 63ページを参考にしてアップリケをする。
3) ④の縁布を縫い合わせて本体をまとめる。
4) 裏布、キルト芯にトップを重ね、しつけをかけてキルティングする。
5) 周囲をミシンステッチで押さえる。
6) 額に入れる。

型紙＊B21

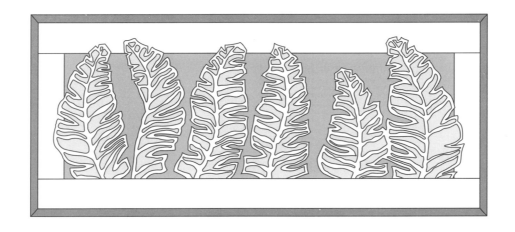

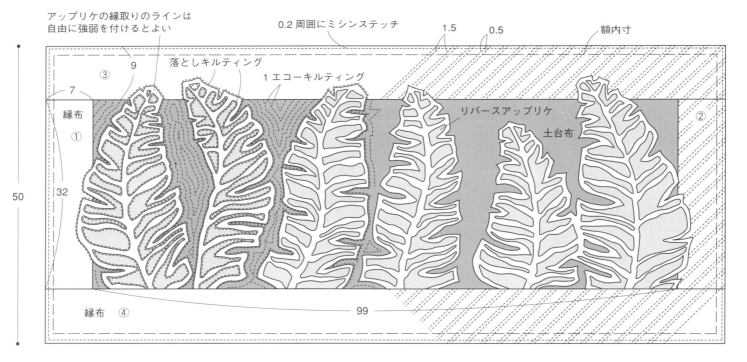

※額の内寸は48×110cm

Quilt 22 ハイビスカスのピロウ

材料
- 土台布（本体後ろ分含む）…95×95cm
- アップリケ布（バインディング分含む）…70×90cm
- 裏布・キルト芯…各50×70cm
- 43×63cmヌードクッション…1個

作り方
1) アップリケをしてトップをまとめる。
2) 裏布、キルト芯にトップを重ね、しつけをかけてキルティングする。
3) 本体後ろを作る。
4) 本体前と後ろを外表に合わせて縫い、周囲をダブルバインディングで始末する。
5) ヌードクッションを入れる。

型紙＊B22

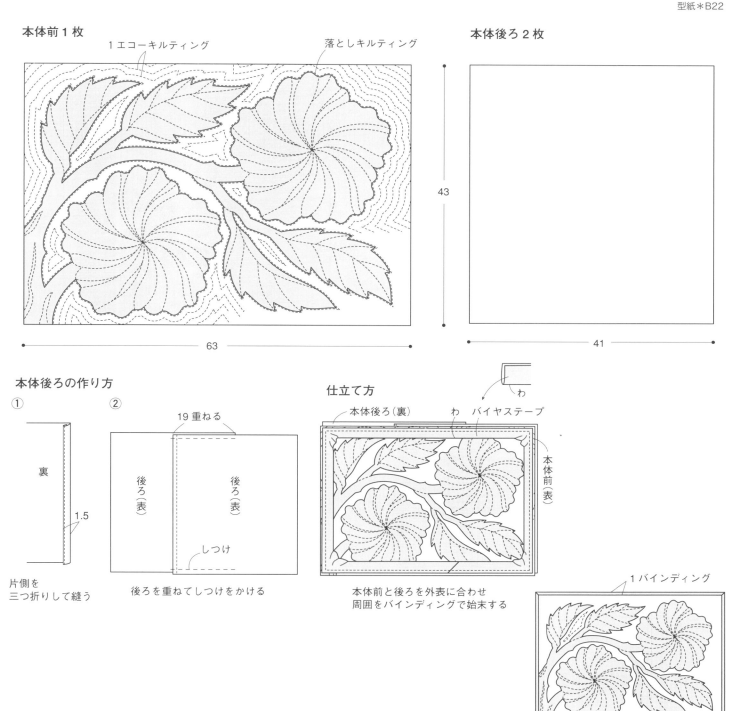

Quilt 23〜25 クッション3種

材料 1点分
- 土台布…50×50cm
- アップリケ布…50×50cm
- 裏布・キルト芯…各50×50cm
- 本体後ろ用布…50×70cm
- 45cm角ヌードクッション…1個

作り方
1) アップリケをしてトップをまとめる。
2) 裏布、キルト芯にトップを重ね、しつけをかけてキルティングする。
3) 本体後ろを作る。
4) 本体前と後ろを中表に合わせて周囲を縫う。
5) 表に返して、ヌードクッションを入れる。

型紙＊B23〜25

23 レフア
本体前 1枚

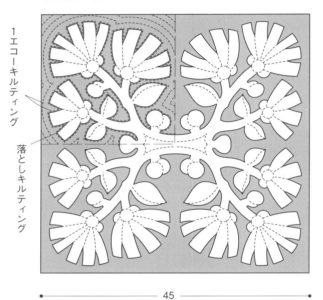

1 エコーキルティング / 落としキルティング / 45 / 45

24 プルメリア
本体前 1枚 1 エコーキルティング

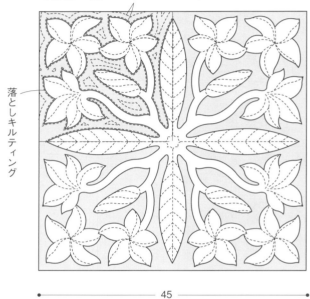

落としキルティング / 45 / 45

25 ホワイトジンジャー
本体前 1枚 1 エコーキルティング

落としキルティング / 45 / 45

本体後ろ 2枚

45 / 30

本体後ろの作り方

①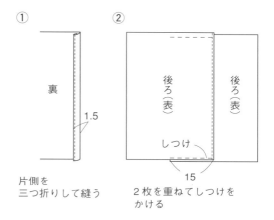
裏
1.5
片側を
三つ折りして縫う

②
後ろ（表）　後ろ（表）
しつけ
15
2枚を重ねてしつけを
かける

仕立て方

後ろ（裏）
前（表）

本体前と後ろを中表に合わせて
周囲を縫い、表に返す
縫い代をジグザグステッチか
ピンキングばさみでカットして
おくとよい

作り方 86 ページ
プルメリアのミニチュアキルト
実物大型紙

How to make 85

Quilt 26~28　ミニチュアキルト

材料　1点分
土台布…15×15cm
アップリケ布…15×15cm
裏布・キルト芯…各15×15cm
内寸15×15cm
（マット内寸10×10cm）額…1枚
刺繍糸…適宜

作り方
1）アップリケと刺繍をしてトップをまとめる。
2）裏布、キルト芯にトップを重ね、しつけをかけてキルティングする。
3）周囲にミシンステッチをかけて押さえる。
4）額に入れる。

型紙＊85,87ページ

26　プルメリア

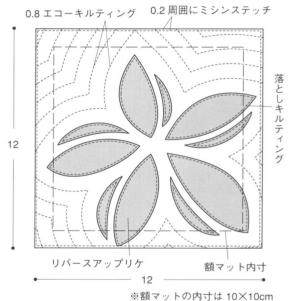

※額マットの内寸は 10×10cm

27　金魚

28　ハイビスカス

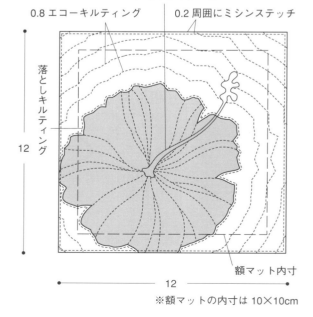

※額マットの内寸は 10×10cm

実物大型紙

刺繍の刺し方

アウトラインステッチ

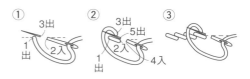

バックステッチ

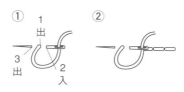

How to make 87

Quilt 29 ハイビスカスのベッドカバー

材料
土台布…270×270cm
アップリケ布…270×270cm
バインディング布…150×110cm
裏布・キルト芯…各270×270cm
刺繍糸…適宜

作り方
1）アップリケと刺繍をしてトップをまとめる。
2）裏布、キルト芯にトップを重ね、しつけをかけてキルティングする。
3）周囲をダブルバインディングで始末する。

型紙＊B29

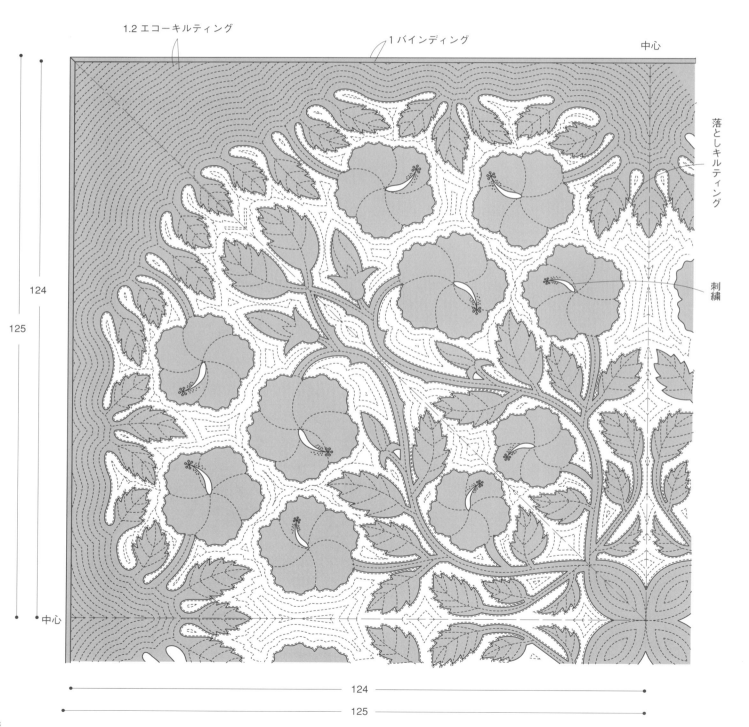

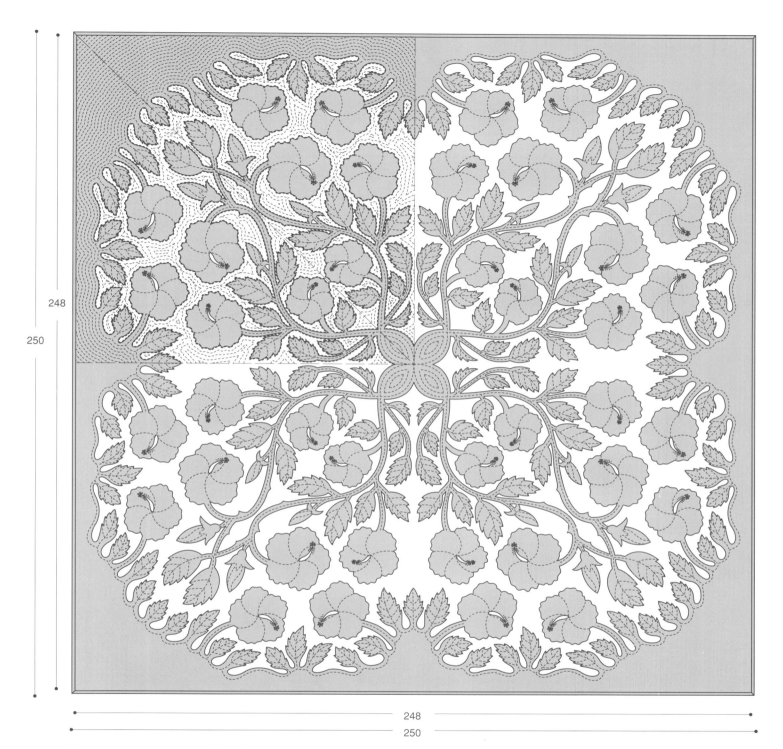

刺繍 刺繍の刺し方

フレンチノット・S
サテン・S
アウトライン・S

フレンチノットステッチ

サテンステッチ

針目を調節しながら
2〜3をくり返す

アウトラインステッチ

How to make 89

Quilt 30~32 小さな額装キルト

材料 1点分
土台布…25×25cm
アップリケ布…25×25cm
ハイビスカス花芯アップリケ布
…15×15cm
裏布・キルト芯…各25×25cm
内寸18×18cm額…1枚

作り方
1）アップリケをしてトップをまとめる。
2）裏布、キルト芯にトップを重ね、しつけをかけてキルティングする。
3）周囲にミシンステッチをかけて押さえる。
4）額に入れる。

型紙＊91ページ

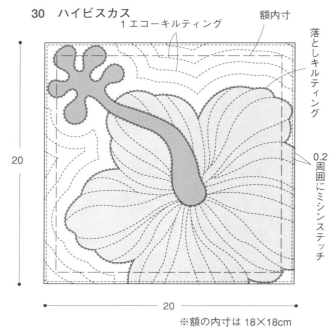

30　ハイビスカス

※額の内寸は 18×18cm

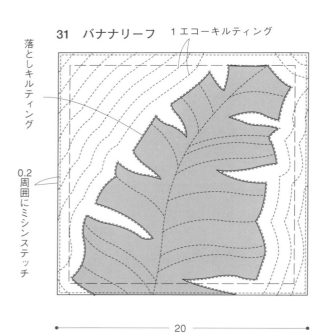

31　バナナリーフ

32　モンステラ

50％縮小型紙
200％拡大してご使用ください

How to make 91

Quilt 33 クラウンフラワーのクッション

材料
土台布（本体後ろ用布分含む）…50×120cm
アップリケ布…50×50cm
裏布・キルト芯…各50×50cm
45cm角ヌードクッション…1個

作り方
1) アップリケをしてトップをまとめる。
2) 裏布、キルト芯にトップを重ね、しつけをかけてキルティングする。
3) 本体後ろを作る。
4) 本体前と後ろを中表に合わせて周囲を縫う。
5) 表に返して、ヌードクッションを入れる。

型紙＊C33

本体前1枚
落としキルティング
1エコーキルティング
45

本体後ろ2枚
45
30

本体後ろの作り方
① 裏　1.5
片側を三つ折りして縫う
② 後ろ（表）　後ろ（表）　しつけ　15
2枚を重ねてしつけをかける

仕立て方
後ろ（裏）　前（表）
本体前と後ろを中表に合わせて周囲を縫い、表に返す

まつる
縫い代を本体後ろの縫い代でくるんで本体前に倒してまつる

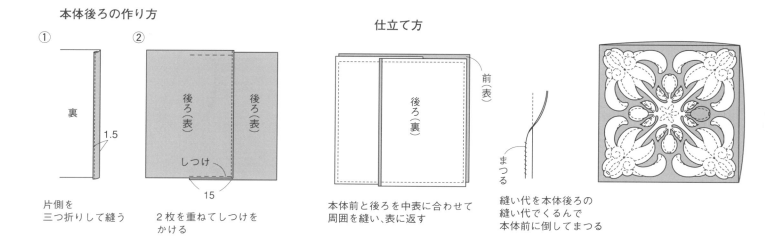

Quilt 34 アフリカンチューリップの額装キルト

材料
土台布…80×50cm
アップリケ布…65×35cm
裏布・キルト芯…各80×50cm
内寸69×43cm
（マット内寸60×34cm）額…1枚

作り方
1) アップリケをしてトップをまとめる。
2) 裏布、キルト芯にトップを重ね、しつけをかけてキルティングする。
3) 周囲にミシンステッチをかけて押さえる。
4) 額に入れる。

型紙＊C34

1 エコーキルティング
落としキルティング
0.2 周囲にミシンステッチ
額マット内寸

71
44

※額マットの内寸は 60×34cm

Quilt 35 大波のキルト

材料
土台布…55×55cm
アップリケ布（バインディング分含む）…55×110cm
裏布・キルト芯…各55×55cm

作り方
1) アップリケをしてトップをまとめる。
2) 裏布、キルト芯にトップを重ね、しつけをかけてキルティングする。
3) 周囲をダブルバインディングで始末する。

型紙＊C35

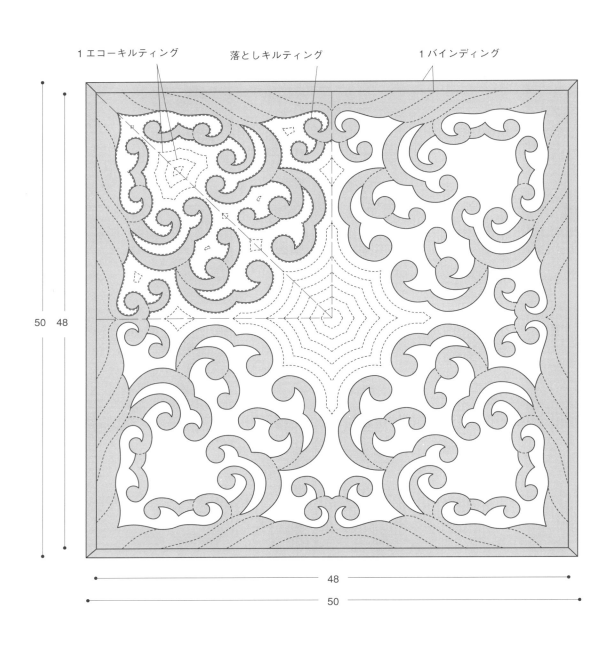

Quilt 36 金魚のキルト

材料
土台布…55×55cm
アップリケ布(バインディング分含む)…60×100cm
裏布・キルト芯…各55×55cm

作り方
1) アップリケをしてトップをまとめる。
2) 裏布、キルト芯にトップを重ね、しつけをかけてキルティングする。
3) 周囲をダブルバインディングで始末する。

型紙＊C36

Quilt 37〜39 トライバル柄のテーブルウェア

材料

テーブルセンター
本体用布（裏布分含む）…60×125cm
接着芯…30×125cm

ティーマット（1点分）
本体用布・裏布・接着芯…各25×35cm

コースター（1点分）
本体用布・裏布・接着芯…各15×15cm

共通
刺繍糸…適宜

型紙＊C37〜39

37 テーブルセンター
本体1枚

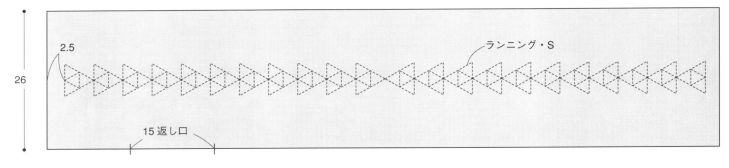

※裏布同寸
※接着芯をはる

38 ティーマット
本体各1枚

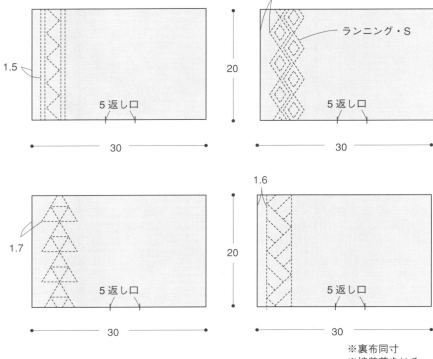

※裏布同寸
※接着芯をはる

作り方

1) 本体に接着芯をはり、刺繍をする。
2) 本体と裏布を中表に合わせ、返し口を残して周囲を縫う。
3) 表に返して返し口をとじ、アイロンで形を整える。

39 コースター

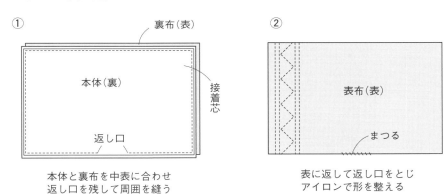

仕立て方(共通)

① 本体と裏布を中表に合わせ返し口を残して周囲を縫う

② 表に返して返し口をとじアイロンで形を整える

ランニングステッチの刺し方

Quilt 40 パームツリーの額装キルト

材料
土台布…55×55cm
アップリケ布…50×50cm
裏布・キルト芯…各55×55cm
内寸45×45cm額…1枚

作り方
1) アップリケをしてトップをまとめる。
2) 裏布、キルト芯にトップを重ね、しつけをかけてキルティングする。
3) 周囲をミシンステッチで押さえる。
4) 額に入れる。

型紙＊C40

落としキルティング　1 エコーキルティング　0.2 周囲にミシンステッチ
額内寸
47
47

※額の内寸は 45×45cm

Quilt 41 パームツリーのトートバッグ

材料
土台布…75×50cm
アップリケ布…75×50cm
裏布・キルト芯…各75×50cm
中袋用布…75×50cm
幅3cm長さ37cm持ち手…1組

作り方
1) アップリケをしてトップをまとめる。
2) 裏布、キルト芯にトップを重ね、しつけをかけてキルティングする。
3) 本体を中表に合わせて両脇とマチを縫う。
4) 中袋は返し口を残して同様に縫う。
5) 本体の口に持ち手を仮留めし、本体と中袋を中表に合わせて口を縫う。
6) 表に返して返し口をとじ、中袋を星止めする。

型紙＊C41

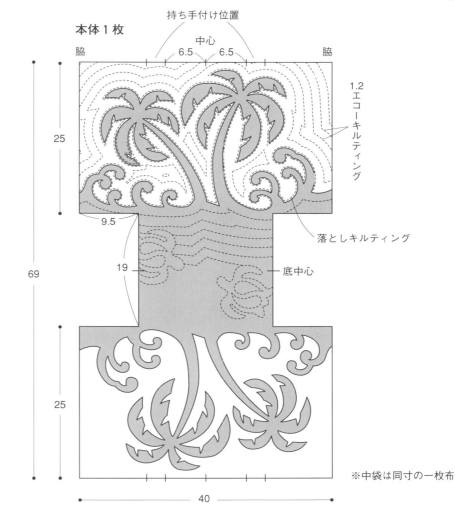

本体1枚
持ち手付け位置
中心
脇　6.5　6.5　脇
25
1.2 エコーキルティング
9.5
19
落としキルティング
底中心
69
25
40
※中袋は同寸の一枚布

仕立て方

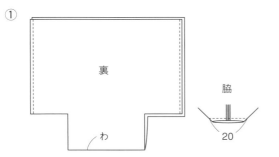

① 中表に二つ折りして両脇を縫い、マチを縫う
中袋は返し口を残して同様に縫う
裏　わ　脇　20

② 本体(裏)　持ち手
中袋(裏)　返し口
本体に持ち手を仮留めし中袋を中表に合わせて口を縫う

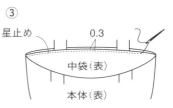

③ 星止め　0.3
中袋(表)
本体(表)
表に返して返し口をまつってとじ口を星止めする

Quilt 42 海のサンプラーキルト

❋ 材料
土台布…170×110cm
アップリケ布2種…各100×100cm
ボーダー用布（バインディング、ラティス分含む）…400×110cm
裏布・キルト芯…各220×160cm

❋ 作り方
1）アップリケをしてラティス、ボーダーを接いでトップをまとめる。
2）裏布、キルト芯にトップを重ね、しつけをかけてキルティングする。
3）周囲をダブルバインディングで始末する。

型紙＊C42

2 バインディング

ボーダー 13

13

50

50

50

ラティス

200 196

170

1 エコーキルティング 10

10

落としキルティング

136

140

How to make 101

Quilt 44 ホエールテール

材料
- 土台布…55×55cm
- アップリケ布…50×35cm
- 裏布・キルト芯…各55×55cm
- 内寸45×45cm額…1枚

作り方
1) アップリケをしてトップをまとめる。
2) 裏布、キルト芯にトップを重ね、しつけをかけてキルティングする。
3) 周囲にミシンステッチをかけて押さえる。
4) 額に入れる。

型紙＊C44

※額の内寸は45×45cm

Quilt 45.46 ぱっくんポーチ2種

材料 1点分
土台布（タブ分含む）…45×35cm
アップリケ布（タブ分含む）…45×35cm
中袋用布・裏布・キルト芯…各45×35cm
長さ35cmファスナー…1本
幅18×高さ5cmワイヤー口金…1組

作り方
1）アップリケをしてトップをまとめる。
2）裏布、キルト芯にトップを重ね、しつけをかけてキルティングする。
3）本体を中表に二つ折りし、両脇とマチを縫う。
4）中袋を本体同様に縫う。
5）本体の口にファスナーを縫い付ける。
6）ファスナーを表に返し、内側に中袋をまつり付ける。
7）口金通しを縫い、口金を通して通し口をまつってとじる。
8）ファスナーの先端をタブでくるむ。

型紙＊D45,46

タブ2枚
4.5 裁ち切り 4.5

45 ホヌ 本体1枚
脇　中心　脇
1 エコーキルティング
2.5
縫い止まり位置
落としキルティング
底中心
リバースアップリケ
2.5
4　8
28

※中袋は同寸の一枚布

46 モンステラ 本体1枚
2.5　脇　中心　脇
縫い止まり位置
落としキルティング
底中心
1 エコーキルティング
2.5　2.5
38
28

仕立て方

① 本体（裏）　縫い止まり位置　わ
本体を中表に二つ折りし
底から縫い止まり位置まで
脇を縫い、マチを縫う
中袋も同様に縫う
脇　4

② 印まで縫う　印まで縫う
本体とファスナーの中心を合わせ
本体とファスナーを中表に重ねて縫う

③ 縫い代を折る　本体（表）
縫い残した脇の縫い代を
内側に折り込む

④ まつる　中袋（表）　本体（表）
ファスナーの歯が上になるように
縫い代を内側に倒し、中袋を入れて
まつり付ける

⑤ ステッチ　0.1　1
口金通しを縫う

⑥ 口金通し　口金通し　本体（裏）　口金　まつる　本体（裏）
口金通しに口金を通し
通し口をまつってとじる
ファスナーの先端を始末する

ファスナー先端の始末のしかた

① タブ（裏）
ファスナーの上止めと
下止めのきわに縫う

② 表に返して
両脇を折る

③ 布の半分を
折り上げて
まつる

Quilt 47 ハイビスカスのしましまポーチ

材料
- 土台布（バインディング分含む）…40×75cm
- アップリケ布…30×30cm
- 中袋用布…35×35cm
- 裏布・キルト芯…各35×35cm
- 長さ40cmファスナー…1本

作り方
1) アップリケをしてトップをまとめる。
2) 裏布、キルト芯にトップを重ね、しつけをかけてキルティングする。
3) 口をバインディングで始末する。
4) 本体内側のバインディングのきわにファスナーの歯を合わせ、ファスナーを縫い付ける。
5) ファスナー付け位置から下の脇をかがる。
6) マチを縫う。
7) 中袋を作る。
8) 本体の内側に中袋をまつり付ける。

型紙＊D47

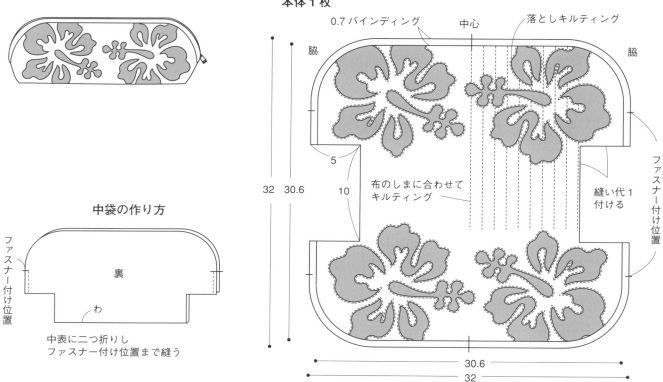

仕立て方

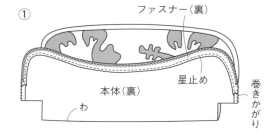

① 本体の口にファスナーを縫い付け
ファスナー付け位置より下の
バインディングを巻きかがりする

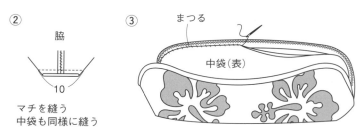

② マチを縫う
中袋も同様に縫う

③ 中袋の口の縫い代を1cm折り
本体の内側に入れてファスナーに
まつり付ける

Quilt 48 かめかめだポーチ

材料
土台布（アップリケ布分含む）2種
…35×20cm
裏布・キルト芯…各35×20cm
中袋用布…35×20cm
長さ15cmファスナー…1本

作り方
1) アップリケをしてトップをまとめる。
2) 裏布、キルト芯にトップを重ね、しつけをかけてキルティングする。
3) 本体を中表に二つ折りし、両脇を縫う。
4) 中袋を本体同様に縫う。
5) 本体の口の縫い代を折り、ファスナーを縫い付ける。
6) 本体の内側に中袋をまつり付ける。

型紙＊D48

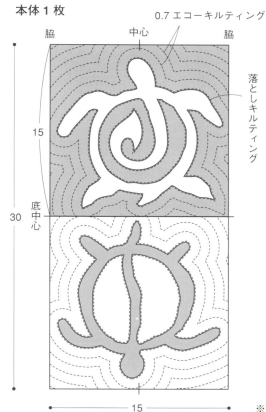

本体 1 枚　0.7 エコーキルティング
脇　中心　脇
落としキルティング
15　底中心　30
15
※中袋は同寸の一枚布

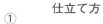

仕立て方

①
本体（裏）　わ
中表に二つ折りし両脇を縫う
中袋も同様に縫う

②
表に響かないように軽く縫い止める
折る
裏　表
口の縫い代を内側へ折り軽く縫い止める

③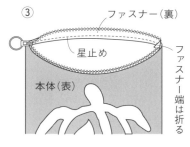
ファスナー（裏）
星止め
本体（表）
ファスナー端は折る
本体の内側にファスナーを縫い付ける

④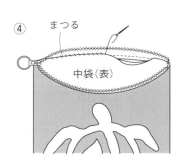
まつる
中袋（表）
本体の内側に中袋を入れてファスナーにまつり付ける

Quilt 49〜52 ソーイングケース4種

材料 1点分
- 土台布…30×30cm
- アップリケ布…30×30cm
- 裏布・キルト芯…各30×30cm
- 内側布、接着芯…各25×25cm
- ピンクッション用布（ポケットA、バインディング、タブ分含む）…40×40cm
- ポケットB用布…25×25cm
- 長さ20・50cmファスナー…各1本
- 長さ40cmゴムひも…1本
- 直径2cmボタン…1個
- 直径1cmスナップ…1組
- フェルト…10×10cm
- 手芸綿、刺繍糸…各適宜

型紙＊D49〜52

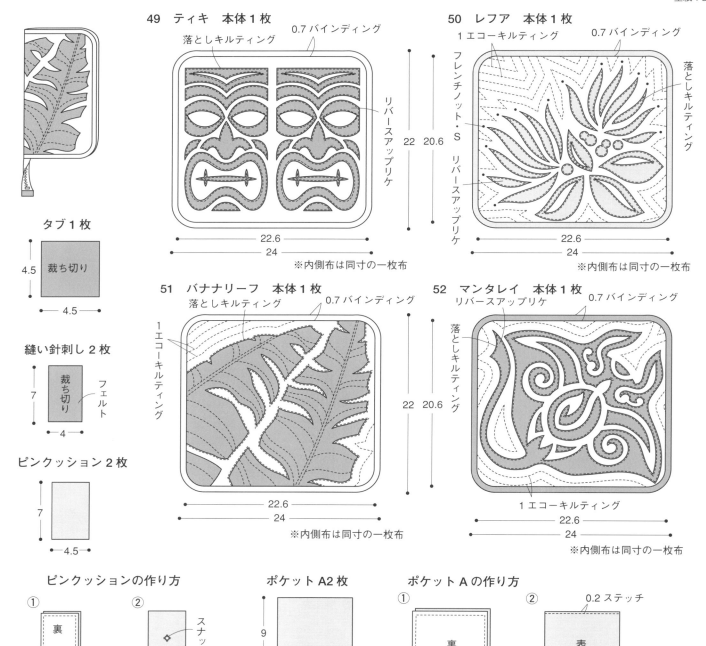

作り方

1) アップリケをしてトップをまとめる。
2) 裏布、キルト芯にトップを重ね、しつけをかけてキルティングする。
3) ポケットA・B、ピンクッションを作る。
4) 内側布の裏に接着芯をはって、ポケットA・B、縫い針刺し、ボタン、ゴムひも、スナップを縫い付ける。
5) 本体と内側布を外表に重ね、ファスナーを仮留めする。
6) 周囲をバインディングで始末する。
7) ファスナーの先端をタブでくるむ。

ポケット B

a 1枚　　　　b 1枚

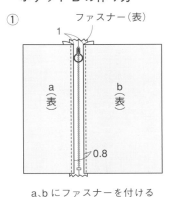

ポケット B の作り方
a、b にファスナーを付ける
b で二つ折りする

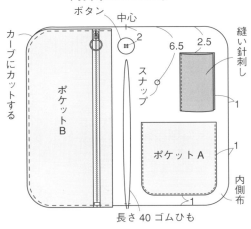

内側布のまとめ方

内側布に接着芯をはり、ポケットBを重ねてしつけをかけ、角をカーブにカットする
ボタン、ゴムひも、縫い針刺し、ポケットAを縫い付ける

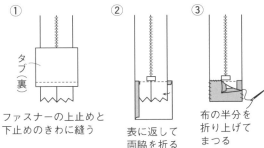

ファスナー先端の始末のしかた

① ファスナーの上止めと下止めのきわに縫う
② 表に返して両脇を折る
③ 布の半分を折り上げてまつる

仕立て方

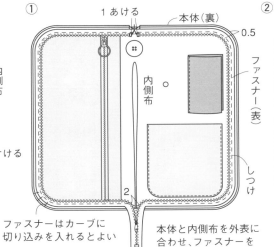

ファスナーはカーブに切り込みを入れるとよい
本体と内側布を外表に合わせ、ファスナーを重ねてしつけをかける

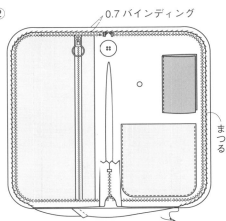

周囲をバインディングしファスナー先端を始末する

Quilt 53 トーチジンジャーのスクエアバッグ

材料
ピーシング用布2種…各適宜
アップリケ布（パイピングコード分含む）
…80×80cm
裏布・キルト芯…各50×100cm
中袋用布（持ち手裏布、中敷き分含む）
…65×110cm
幅4cm革テープ…100cm
プラスチック板…30×10cm
毛糸…適宜

型紙＊C53

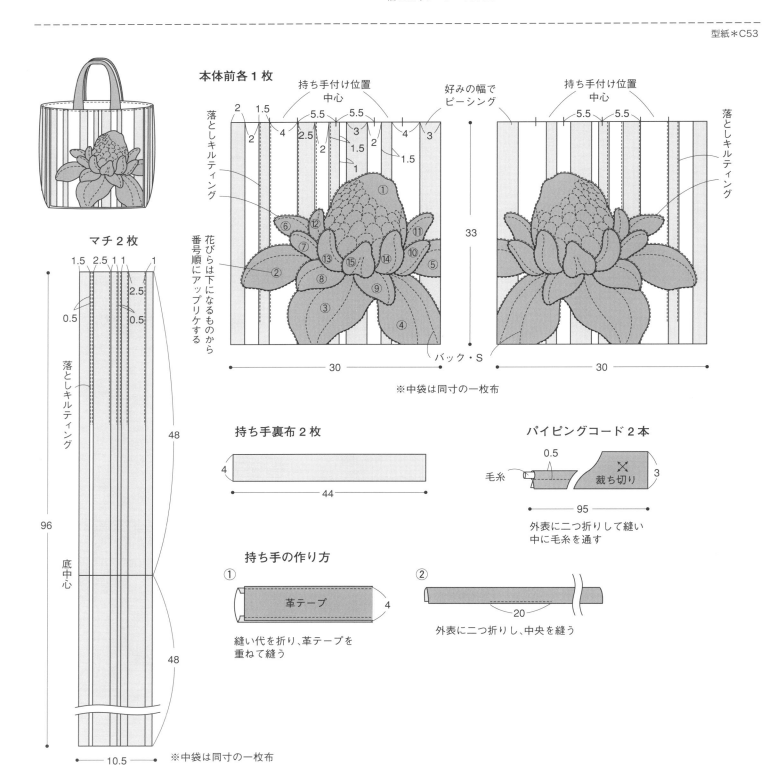

作り方

1) ピーシングとアップリケをして、本体とマチのトップをまとめる。
2) 裏布、キルト芯にトップを重ね、しつけをかけてキルティングする。
3) パイピングコードを作り、マチの両側をミシンで縫う。
4) 本体とマチを中表に合わせて3)のミシンの縫い目の上を縫う。
5) 中袋は返し口を残して本体と同様に縫う。
6) 持ち手を作る。
7) 本体と中袋を中表に合わせ、持ち手をはさんで口を縫う。
8) 表に返して返し口をとじ、本体の口をステッチで押さえる。
9) 中敷きを作り、中に入れる。

仕立て方

①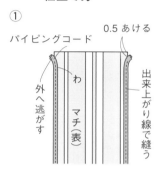
マチにパイピングコードをミシンで縫う

②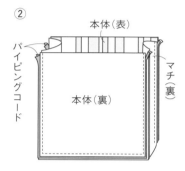
本体とマチを中表に合わせて縫い目の位置で縫う
中袋は脇に返し口を残して同様に縫う

③
本体と中袋を中表に合わせ持ち手をはさんで縫う

④
表に返して返し口をまつってとじ口にミシンステッチをかける

プラスチック板1枚

中敷き1枚

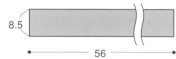

中敷きの作り方

①
中表に二つ折りし2辺を縫う

②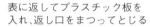
表に返してプラスチック板を入れ、返し口をまつってとじる

バックステッチの刺し方

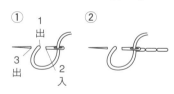

Quilt 54 パイナップルのバッグ

材料
本体用布（マチ、留め布、持ち手分含む）…60×110cm
アップリケ布…40×60cm
中袋用布（中敷き分含む）…60×110cm
パイピングコード用布…50×50cm
裏布・キルト芯…各60×100cm
幅4cm革テープ…100cm
直径2cmマグネットボタン…1組
プラスチック板…25×20cm
刺繍糸・毛糸…各適宜

型紙＊D54

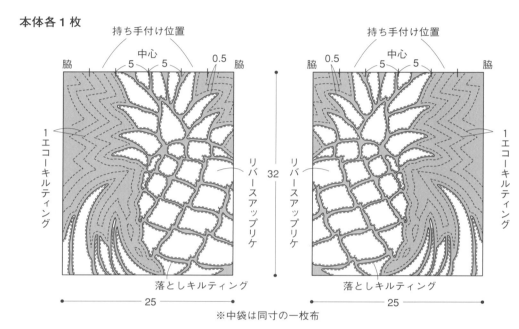

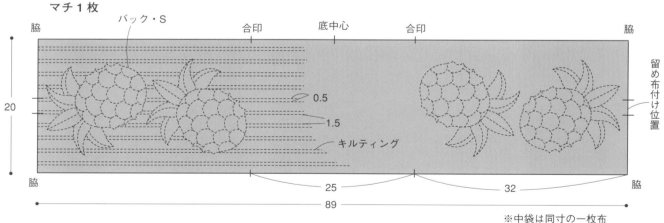

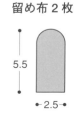
留め布2枚

留め布の作り方

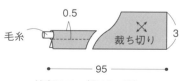
パイピングコード2本
外表に二つ折りして縫い中に毛糸を通す

バックステッチの刺し方

作り方

1) リバースアップリケをして本体のトップをまとめる。マチのトップは一枚布。
2) 裏布、キルト芯にトップを重ね、しつけをかけてキルティングする。
3) パイピングコードを作り、マチの両側にミシンで縫う。
4) 本体とマチを中表に合わせて3)のミシンの縫い目の上を縫う。
5) 中袋は返し口を残して本体同様に縫う。
6) 留め布と持ち手を作る。
7) 本体と中袋を中表に合わせ、持ち手と留め布をはさんで口を縫う。
8) 表に返して返し口をとじ、中袋を星止めで押さえる。
9) 中敷きを作り、中に入れる。

革テープ2枚　4 × 50

持ち手2枚　6 × 50　裁ち切り

持ち手の作り方

0.5　革テープ

持ち手用布に革テープを重ね縫い代0.5cmを折って周囲をくるんで縫う

実物大型紙　留め布

仕立て方

①

マチの出来上がり線にパイピングコードを縫い付ける

本体(表)　マチ(裏)　本体(裏)

マチにパイピングコードを縫い付け
本体とマチを中表に合わせて
縫い目の位置で縫う
中袋は返し口を残して同様に縫う

②

長さ50 持ち手　留め布　中袋(裏)　15 返し口

本体と中袋を中表に合わせ
持ち手と留め布をはさんで
口を縫う

③

星止め　0.5

表に返して返し口を
まつってとじ
中袋を星止めで押さえる

中敷き1枚　18.5 × 24　※縫い代は2.5cm付ける

プラスチック板1枚　18.5 × 24　裁ち切り　角を丸くカット

中敷きの作り方

①

周囲をぐし縫いし
プラスチック板を重ねる

②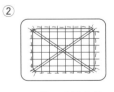

ぐし縫いを引き絞り
糸を渡して固定する

Afterword

新しい本を制作する時、いつも違ったテーマとコンセプトを作ります。

今回のテーマは日本の家とハワイアンキルト。

日本の暮らしの中にハワイアンキルトを上手に取り入れるにはどうしたらよいかということです。

それは先ず、ひとつの部屋の中で多色使いをしないこと、

部屋ごとにテーマカラーを決める事なのです。

色は表情と効用を持っています。

例えば赤は喜びを象徴する色、緑は疲労と緊張を和らげる色、

青は鎮静効果があって体温が下がる色。

このように色の特性を見極めながら部屋ごとにテーマカラーを決め、

インテリアとしてのハワイアンキルトを製作しました。

そして今回もたくさんの仲間たちが忙しい仕事の合間にキルト製作を手伝ってくれました。

この本がちょっとだけ貴女の暮らしのプラスになることを願っています。

マエダメグ

Staff

撮影　山本和正
アートディレクション　マエダメグ
デザイン　マエダメグ
コピーライティング　マエダメグ
作図　大島幸
編集　恵中綾子（グラフィック社）

製作　石阪幸子・小美濃妙子・折笠良子・栗山孝子・成瀬由美子
　　　矢沼さやか・山本とし江
協力　飯田順子・石阪幸子・江崎あき江・北岡実加・久能啓子
　　　郡司光子・河野八重子・相良薫・篠田和恵・渋谷舞
　　　関戸宏子・竹山昭子・力武ちえ美・三崎陽子・南知子
　　　宮島智子

ハワイアンキルトのある部屋
Living with Hawaiian Quilts

2019年5月25日　初版第1刷発行
2024年5月25日　初版第6刷発行

著　者　マエダメグ
発行者　津田 淳子
発行所　株式会社グラフィック社
　　　　〒102-0073
　　　　東京都千代田区九段北1-14-17
　　　　tel.03-3263-4318（代表）03-3263-4579（編集）
　　　　fax.03-3263-5297
　　　　https://www.graphicsha.co.jp
印刷製本　株式会社シナノ パブリッシング プレス

＊定価はカバーに表示してあります。
＊乱丁・落丁本は、小社業務部宛にお送りください。小社送料負担にて
　お取り替えいたします。
＊著作権法上、本書掲載の写真・図・文の無断転載・借用・複製は禁じ
　られています。
＊本書のコピー、スキャン、デジタル化等の無断複製は著作権法上の例
　外を除き禁じられています。本書を代行業者等の第三者に依頼してス
　キャンやデジタル化することは、たとえ個人や家庭内での利用であっ
　ても著作権法上認められておりません。

本書に掲載されている作品や型紙は、お買い上げいただいたみなさまに
個人で作って楽しんでいただくためのものです。作者に無断で展示・販
売することは著作権法により禁じられています。

©Meg Maeda 2019 Printed in Japan
ISBN978-4-7661-3200-7　C2077